Spiralschneider Low Carb

Die besten Spiralschneider Low Carb Rezepte

ISBN 10: 1984271237
ISBN 13: 978-1984271235

Inhalt

Rote-Beete-Spaghetti mit Avocado-Pesto und Schafskäse

für 4 Personen

Zutaten:

- 4 große Rote Beete
- 1 rote Zwiebel
- 2 Knoblauchzehen und 2 reife Avocados
- 250g Schafskäse
- 6 EL Olivenöl
- Saft von 2 Zitronen
- Salz und Pfeffer zum Abschmecken

1. Schälen Sie zunächst die Rote-Beete und drehen Sie diese so durch den Spiralschneider, dass Rote-Beete-Spaghetti dabei herauskommen.
2. Nun schälen Sie die Zwiebeln und den Knoblauch und schneiden beides in ganz kleine Stücke, welche Sie in eine Schale geben.
3. Geben Sie die Avocado, das Olivenöl und den Zitronensaft mit in das Schälchen und vermengen Sie alles zu einem Pesto.
4. Anschließend geben Sie das Avocado-Pesto zu den Rote-Beete-Spaghetti, vermengen alles miteinander und zerbröseln den Schafskäse darüber. Sie können nun noch einmal alles mit etwas Salz und Pfeffer abschmecken.

Gemüsenudeln mit Erdnuss-Soße

für 4 Personen

Zutaten:

- 2 große Zucchini
- 2 mittelgroße Möhren
- 2 rote Zwiebeln
- 2 Knoblauchzehen
- 2 EL Sesamöl
- 3 EL Erdnussmus
- 60ml Kokosmilch
- 60g gehackte Erdnüsse
- Salz und Pfeffer zum Abschmecken

1. Bereiten Sie zunächst die Gemüsespaghetti zu. Schälen Sie hierfür zunächst die Möhren und drehen Sie diese, zusammen mit den Zucchini, so durch den Spiralschneider, dass am Ende Gemüsespaghetti dabei herauskommen.
2. Nun schälen Sie die Zwiebeln und die Knoblauchzehen und schneiden beides in ganz kleine Stücke und braten beides mit dem Sesamöl in einer Pfanne an. Geben Sie nun die restlichen Zutaten, bis auf die gehackten Erdnüsse, mit in die Pfanne und lassen Sie die Soße kurz aufkochen.
3. Abschließend vermengen Sie die Gemüsespaghetti mit der Soße, lassen diese 5 Minuten lang mitkochen und streuen die gehackten Erdnüsse oben drüber.

Süßkartoffel-Spaghetti mit Aglio e Olio

für 4 Personen

Zutaten:

- 3 große Süßkartoffeln
- 2 rote Zwiebeln
- 4 Knoblauchzehen und 4 EL Olivenöl
- 2 TL Paprika Pulver und 2 Bund frische Petersilie
- Salz und Pfeffer zum Abschmecken

1. Bereiten Sie zunächst die Süßkartoffelspaghetti zu. Schälen Sie hierfür zunächst die Süßkartoffeln und drehen Sie diese so durch den Spiralschneider, dass am Ende Gemüsespaghetti dabei herauskommen.
2. Geben Sie nun die Süßkartoffelspaghetti 5 – 6 Minuten lang in kochendes und gesalzenes Wasser und bereiten Sie zwischenzeitlich die Soße zu.
3. Für die Soße schälen Sie die Zwiebeln und die Knoblauchzehen, schneiden diese in ganz kleine Stücke und braten sie zusammen mit dem Olivenöl in der Pfanne an.
4. Geben Sie nun die fertigen Süßkartoffelspaghetti und das Paprika Pulver mit in die Pfanne, vermengen Sie alles miteinander und schmecken Sie die Spaghetti noch einmal mit etwas Salz und Pfeffer ab.
5. Abschließend können Sie die Petersilie klein schneiden und über das Essen streuen.

Kohlrabi-Spaghetti mit Walnüssen und Schafskäse

für 4 Personen

Zutaten:

- 2 große Kohlrabi
- 2 grüne Äpfel
- 2 rote Zwiebeln
- 200g Schafskäse
- 40g gehackte Walnüsse
- 4 EL Olivenöl
- 1 TL Senf
- 1 TL Knoblauch Pulver
- Saft von 2 Zitronen
- Salz und Pfeffer zum Abschmecken

1. Schälen Sie zunächst die Kohlrabi und die Äpfel. Folgend entkernen Sie die Äpfel und drehen diese, wie den Kohlrabi, durch den Spiralschneider, damit am Ende Spaghetti herauskommen. Geben Sie beides zusammen 3 Minuten lang in kochendes Wasser.
2. Nun schälen Sie die Zwiebeln und schneiden diese in kleine Stücke, welche Sie zusammen mit dem Olivenöl in der Pfanne anbraten.
3. Geben Sie nun noch den Senf, das Knoblauch Pulver und den Zitronensaft hinzu und vermengen Sie alles zu einem Dressing, welches Sie über die Spaghetti geben.
4. Abschließend schmecken Sie alles mit etwas Salz und Pfeffer ab, zerbröseln den Schafskäse oben drüber und streuen die Walnüsse drüber.

Asiatische Pfanne mit Pastinaken-Spaghetti

für 4 Personen

Zutaten:

- 12 mittelgroße Pastinaken
- 2 Mittelgroße Möhren
- 1 mittelgroße Paprika
- 1 Porree
- 2 EL Olivenöl
- 4 EL Sojasoße
- 2 TL Knoblauch Pulver
- 1 TL Zwiebel Pulver
- 1 TL Ingwer
- 1 TL Chili Pulver
- 4 EL Sesam
- Salz und Pfeffer zum Abschmecken

1. Schälen Sie zunächst die Pastinaken und drehen Sie diese so durch den Spiralschneider, dass am Ende Gemüsespaghetti dabei herauskommen.
2. Nun schälen Sie die Möhren und die Zwiebeln, schneiden diese in kleine Stücke und braten sie in der Pfanne mit dem Olivenöl an.
3. Geben Sie anschließend die Gemüsespaghetti hinzu und braten Sie diese mit an, bis sie bissfest sind.
4. Entkernen Sie nun die Paprika und schneiden diese in schmale Streifen.
5. Folgend vermengen Sie die Sojasoße mit dem Sesamöl und den Gewürzen und geben diese, zusammen mit der Paprika, mit in die Pfanne. Vermengen Sie alles miteinander und braten Sie es bei Bedarf noch einmal 2 Minuten scharf an.
6. Abschließend können Sie alles noch einmal entsprechend der Gewürze abschmecken und den Sesam oben drüberstreuen.

Zucchinispaghetti mit Tomatensoße und Parmesan

für 4 Personen

Zutaten:

- 4 große Zucchini
- 2 rote Zwiebeln
- 2 Knoblauchzehen
- 1 mittelgroße Möhre
- 2 Dosen gehackte Tomaten
- 1 EL Olivenöl
- 1 TL Oregano
- 1 TL Thymian
- 1 TL Chili
- 2 TL Paprika Pulver
- 50g geriebener Parmesan
- Salz und Pfeffer zum Abschmecken

1. Drehen Sie zunächst die Zucchini so durch den Spiralschneider, dass am Ende Zucchinispaghetti herauskommen. Stellen Sie diese für später an die Seite, bevor Sie die Soße zubereiten.
2. Für die Soße schälen Sie zunächst die Zwiebeln, die Knoblauchzehen und die Möhre und schneiden diese in kleine Stücke. Braten Sie diese zusammen mit dem Olivenöl in einer Pfanne an.
3. Geben Sie nun die gehackten Tomaten und die Gewürze mit in die Pfanne, vermengen Sie alles und lassen Sie die Soße kurz aufkochen.
4. Abschließend geben Sie die Zucchinispaghetti hinzu, vermengen diese mit der Soße und lassen Sie 3 Minuten lang mitköcheln. Servieren Sie die Spaghetti und streuen Sie Parmesan oben drüber.

Gurkensalat mit Schafskäse und Oliven

für 4 Personen

Zutaten:

- 4 große Gurken
- 1 gelbe Paprika
- 350g Cocktailtomaten
- 1 rote Zwiebel
- 250g Schafskäse
- 20 Oliven, kernlos
- 3 EL Olivenöl
- 1 TL Essig
- 1 TL Oregano
- Salz und Pfeffer zum Abschmecken

1. Drehen Sie zunächst die Gurken so durch den Spiralschneider, dass am Ende Gurkenspaghetti herauskommen. Diese geben Sie in eine ausreichend große Salatschüssel und bereiten die restlichen Zutaten zu.
2. Entkernen Sie zunächst die Paprika und schneiden Sie diese in kleine Stücke. Die Tomaten halbieren Sie und die Zwiebel schälen Sie und schneiden Sie anschließend in kleine Stücke. Das Gemüse geben Sie zu den Gurkenspaghetti und vermengen alles miteinander.
3. Halbieren Sie nun die Oliven, geben Sie diese zum Salat und zerbröseln Sie den Schafskäse über dem Salat.
4. Nun vermengen Sie das Olivenöl, den Essig und den Oregano miteinander, geben ihn über den Salat und schmecken diesen noch einmal mit etwas Salz und Pfeffer ab.

Zucchinispaghetti mit Rucola-Tomatensalat

für 4 Personen

Zutaten:

- 4 große Zucchini
- 200g Rucola
- 400g Cocktailtomaten
- 250g Schafskäse
- 4 EL Olivenöl
- 1 EL Essig
- 1 TL Knoblauch Pulver und 1 TL Oregano
- Salz und Pfeffer zum Abschmecken

1. Drehen Sie zunächst die Zucchinispaghetti durch den Spiralschneider, so dass am Ende Zucchinispaghetti dabei herauskommen. Geben Sie diese 3 Minuten lang in kochendes Wasser.
2. Zwischenzeitlich bereiten Sie den Salat zu. Hierfür halbieren Sie den Rucola und vierten die Cocktailtomaten.
3. Geben Sie die fertigen Zucchinispaghetti zusammen mit dem Rucola und den Tomaten in eine Schüssel und vermengen Sie alles miteinander.
4. Zerbröseln Sie nun den Schafkäse über dem Salat und vermengen Sie die restlichen Zutaten zu einem Dressing, welches Sie abschließend über den Salat geben. Sie können den Salat nun noch mit etwas Salz und Pfeffer abschmecken.

Möhrenspaghetti mit Bolognese und Petersilie

für 4 Personen

Zutaten:

- 12 große Möhren
- 1000g Hackfleisch halb und halb
- 2 rote Zwiebeln
- 2 Knoblauchzehen
- 200g Cocktailtomaten
- 200ml Sahne
- 400g gehackte Tomaten
- 1 Bund frische Petersilie
- 4 EL Tomatenmark
- 2 EL Olivenöl
- 1 TL Oregano
- 1 TL Thymian
- 1 TL Chili
- 2 TL Paprika Pulver
- Salz und Pfeffer zum Abschmecken

1. Schälen Sie zunächst die Möhren und drehen Sie diese so durch den Spiralschneider, dass am Ende Möhrenspaghetti bei herauskommen.
2. Nun schälen Sie die Zwiebeln und die Knoblauchzähen, schneiden diese in kleine Stücke und braten diese zusammen mit dem Olivenöl und dem Hackfleisch in einer großen Pfanne scharf an.
3. Rühren Sie das Tomatenmark unter und geben Sie die Sahne, die gehackten Tomaten und die Gewürze mit hinzu. Vermengen Sie alles zu einer Soße und lassen Sie diese 10 Minuten lang leicht köcheln.
4. Anschließend geben Sie die Möhrenspaghetti hinzu, vermengen diese mit der Soße und lassen Sie 4 Minuten lang leicht mitköcheln.
5. Zwischenzeitlich halbieren Sie die Cocktailtomaten und schneiden die Petersilie in kleine Stücke. Geben Sie die Cocktailtomaten mit zum Essen und streuen Sie die Petersilie oben drüber. Sie können nun noch einmal alles entsprechend der Gewürze abschmecken.

Zucchinispaghetti mit Garnelen und Sahnesoße

für 4 Personen

Zutaten:

- 500g Garnelen
- 3 große Zucchini
- 2 rote Zwiebeln
- 2 Knoblauchzehen
- 4 EL Olivenöl
- 1 TL Thymian
- 1 TL Basilikum
- 100ml Sahne
- 100ml Gemüsebrühe
- Salz und Pfeffer zum Abschmecken

1. Lassen Sie die Garnelen zunächst antauen und fangen Sie an, die restlichen Zutaten zubereiten.
2. Drehen Sie die Zucchini so durch den Spiralschneider, dass am Ende Zucchinispaghetti dabei herauskommen.
3. Anschließend schälen Sie die Zwiebeln und die Knoblauchzehen, schneiden diese in kleine Stücke und braten Sie zusammen mit der Hälfte des Olivenöls in einer Pfanne scharf an. Geben Sie beides in ein Schälchen und stellen Sie dieses für später an die Seite.
4. Sie brauchen die Pfanne nicht spülen und können diese nutzen um die angetauten Garnelen mit dem restlichen Olivenöl zusammen anzubraten. Dabei sollten die Garnelen von beiden Seiten etwa 3 Minuten lang angebraten werden und leicht rosa werden.
5. Anschließend geben Sie den Knoblauch und die Zwiebeln wieder hinzu und fügen die Sahne, die Gemüsebrühe und die Kräuter mit hinzu.
6. Bringen Sie die Soße zum Kochen und geben Sie die Zucchinispaghetti hinzu. Vermengen Sie alles und lassen Sie die Zucchinispaghetti 3 Minuten lang in der Soße mitkochen. Abschließend können Sie alles nochmal mit etwas Salz und Pfeffer abschmecken.

Zucchinispaghetti mit Avocado-Pesto und Lachs

für 4 Personen

Zutaten:

- 4 große Zucchini
- 400 Lachsfilet
- 2 reife Avocado
- 2 Tomaten
- 2 Knoblauchzehen
- Saft von 2 Zitronen
- 8 EL Olivenöl
- 2 Bund frischer Basilikum
- Salz und Pfeffer zum Abschmecken

1. Drehen Sie die Zucchini zunächst so durch den Spiralschneider, dass am Ende Zucchinispaghetti dabei herauskommen und bereiten Sie anschließend das Pesto zu.
2. Für das Pesto geben Sie das Fruchtfleisch der Avocados, 6 EL Olivenöl und den Zitronensaft in ein Schälchen.
3. Nun schneiden Sie die Tomaten in kleine Stücke, schälen die Knoblauchzehen und schneiden diese ebenfalls in kleine Stücke. Geben Sie beides zur Avocado mit hinzu.
4. Vermengen Sie die Zutaten im Schälchen zu einem gleichmäßigen Pesto und schmecken Sie dieses mit etwas Salz ab.
5. Anschließend schneiden Sie den Lachs in mundgerechte Stücke und würzen diese mit Salz und Pfeffer und braten ihn mit dem restlichen Olivenöl in einer Pfanne an.
6. Zwischenzeitlich geben Sie die Zucchinispaghetti 3 Minuten lang in kochendes Wasser.
7. Gießen Sie nun das Wasser der Zucchinispaghetti ab, vermengen Sie diese mit dem Pesto und geben Sie den Lachs oben drüber. Den Basilikum zerrupfen Sie in kleine Stücke, geben diese abschließend über das Essen und schmecken dieses noch einmal mit etwas Salz und Pfeffer ab.

Hühnersuppe mit Möhrenspaghetti

für 4 Personen

Zutaten:

- 300g Hähnchenbrustfilet
- 3 große Möhren
- 1 große Zwiebel
- ½ Porree
- 2 Staudensellerie
- 1,5 Liter Hühnerbrühe
- 4 EL Olivenöl
- 1 TL Oregano
- 1 TL Thymian
- 1 TL Chili
- Salz und Pfeffer zum Abschmecken

1. Schälen Sie zunächst die Möhren und drehen Sie diese anschließend durch den Spiralschneider, dass am Ende Möhrenspaghetti dabei herauskommen.
2. Nun schneiden Sie das Fleisch in mundgerechte Stücke. Die Zwiebel schälen Sie und schneiden Sie in kleine Stücke. Braten Sie beides mit dem Olivenöl im Topf scharf an.
3. Zwischenzeitlich halbieren Sie die Stangensellerie und schneiden diese in kleine Stücke. Den Porree schneiden Sie in Ringe und geben beides, zusammen mit der Hühnerbrühe und den Gewürzen mit in den Topf. Lassen Sie die Suppe 10 Minuten lang aufkochen.
4. Abschließend geben Sie die Möhrenspaghetti hinzu und lassen diese noch für ca. 4 Minuten mitkochen, bevor Sie alles noch einmal mit dem Salz abschmecken.

Zucchinispaghetti mit Hähnchenbrustfilets und Sahnesoße

für 4 Personen

Zutaten:

- 4 Zucchini
- 4 Hähnchenbrustfilet
- 2 rote Zwiebeln
- 2 Knoblauchzehen
- 2 rote Chilischote
- 2 EL Olivenöl
- 200ml Sahne
- 250g Schafskäse
- 2 EL Olivenöl
- 1 TL Ingwer
- 2 TL Curry Pulver
- 2 TL Paprika Pulver
- Salz und Pfeffer zum Abschmecken

1. Drehen Sie zunächst die Zucchini so durch den Spiralschneider, dass am Ende Zucchinispaghetti herauskommen und stellen Sie diese für später an die Seite.
2. Anschließend schneiden Sie das Fleisch in mundgerechte Stücke und braten diese zusammen mit dem Olivenöl in einer Pfanne an.
3. Nun schälen Sie die Zwiebeln und die Knoblauchzehen und schneiden beides, zusammen mit der Chilischote, in ganz kleine Stücke. Geben Sie diese mit in die Pfanne und braten Sie diese noch kurz mit an.
4. Anschließend geben Sie die restlichen Zutaten, bis auf den Schafkäse und die Zucchinispaghetti, mit in die Pfanne und lassen die Soße 5 Minuten lang aufkochen.
5. Geben Sie nun die Zucchinispaghetti hinzu und lassen Sie diese 3 Minuten lang mitköcheln.
6. Abschließend schmecken Sie alles noch einmal entsprechend der Gewürze ab und zerbröseln den Schafskäse oben drüber.

Kürbisnudeln mit Salbei-Kräuterbutter

für 4 Personen

Zutaten:

- 2 Butternutkürbisse und 2 Knoblauchzehen
- 1 Bund frischer Schnittlauch und 1 Bund frische Petersilie
- 2 EL Olivenöl
- 50g Butter
- 20 frische Salbeiblätter
- Salz und Pfeffer zum Abschmecken

1. Heizen Sie zunächst den Ofen auf 200°C vor.
2. Nun schälen Sie die Butternutkürbisse, entkernen diese und drehen diese so durch den Spiralschneider, dass am Ende Kürbisspaghetti dabei herauskommen.
3. Geben Sie das Olivenöl darüber und vermengen Sie dieses mit den Kürbisspaghetti und verteilen Sie diese auf einem Backblech, um sie 7 Minuten lang zu backen.
4. Zwischenzeitlich bereiten Sie die Salbei-Kräuterbutter zu. Hierfür schneiden Sie zunächst den Schnittlauch, die Petersilie und die Salbeiblätter in kleine Stücke.
5. Lassen Sie nun die Butter in einem Topf schmelzen und verrühren Sie diese mit den frischen Kräutern.
6. Abschließend geben Sie die fertigen Kürbisspaghetti in eine Schüssel, geben die Butter darüber und schmecken alles mit etwas Salz und Pfeffer ab.

Möhrenspaghetti mit Hähnchen und Porree

für 4 Personen

Zutaten:

- 4 Hähnchenbrustfilets
- 12 große Möhren
- 1 Porree
- 2 Knoblauchzehen
- 4 EL Olivenöl
- 2 EL Sojasoße
- 1 TL Chili Pulver
- 2 TL Curry Pulver
- 2 TL Paprika Pulver
- Salz und Pfeffer zum Abschmecken

1. Schälen Sie zunächst die Möhren und drehen Sie diese so durch den Spiralschneider, dass am Ende Möhrenspaghetti dabei herauskommen.
2. Nun schneiden Sie das Fleisch in mundgerechte Stücke und braten diese zusammen mit dem Olivenöl in einer Pfanne an.
3. Anschließend schälen Sie die Knoblauchzehen und schneiden diese in kleine Stücke, welche Sie mit in die Pfanne geben und kurz mit anbraten.
4. Nun schneiden Sie den Porree in Ringe und geben diese, zusammen mit den restlichen Zutaten, mit in die Pfanne. Schmecken Sie die Soße gut ab, bevor Sie die Möhrenspaghetti hinzugeben.
5. Die Möhrenspaghetti braten Sie abschließend noch 4 Minuten mit an.

Möhrenspaghetti mit Kokos-Kichererbsensoße

für 4 Personen

Zutaten:

- 8 große Möhren
- 250g Kichererbsen, fertige
- 1 Porree
- 1 rote Zwiebel
- 200ml Kokosmilch
- 200ml Gemüsebrühe
- 1 EL Olivenöl
- 2 TL rote Currypaste
- 2 TL Curry Pulver
- 2 TL Paprika Pulver
- 1 TL Chili Pulver
- Salz und Pfeffer zum Abschmecken

1. Schälen Sie zunächst die Möhren und drehen Sie diese so durch den Spiralschneider, dass am Ende Möhrenspaghetti dabei herauskommen.
2. Anschließend schälen Sie die Zwiebel, schneiden diese in kleine Stücke und braten Sie mit dem Olivenöl zusammen an.
3. Geben Sie nun die Gemüsebrühe, die Kokosmilch und die Gewürze mit in die Pfanne und vermengen Sie die Zutaten zu einer Soße.
4. Anschließend schneiden Sie den Porree in Ringe und geben diese zusammen mit den Kichererbsen mit zur Soße. Lassen Sie die Soße etwa 5 Minuten lang leicht köcheln und schmecken Sie sie noch einmal entsprechend der Gewürze ab.
5. Abschließend geben Sie die Möhrenspaghetti hinzu, vermengen diese mit der Soße und lassen Sie etwa 3 Minuten lang mit köcheln.

Kohlrabispaghetti mit Schafskäse und Cocktailtomaten

für 4 Personen

Zutaten:

- 4 große Kohlrabi
- 1 rote Zwiebel
- 2 Knoblauchzehen
- 350g Cocktailtomaten
- 250g Schafskäse
- 1 Bund frische Petersilie
- 1 Bund frischer Schnittlauch
- 4 EL Olivenöl
- 1 TL Essig
- 1 TL Oregano
- 1 TL Chili
- Salz und Pfeffer zum Abschmecken

1. Schälen Sie zunächst die Kohlrabi und schneiden Sie diese in dicke Stifte, welche Sie durch den Spiralschneider drehen, damit Kohlrabispaghetti bei herauskommen.
2. Halbieren Sie nun noch die Cocktailtomaten und schneiden Sie die Petersilie und den Schnittlauch in kleine Stücke.
3. Anschließend schälen Sie die Zwiebel und die Knoblauchzehen, schneiden beides in kleine Stücke und braten diese zusammen mit dem Olivenöl in der Pfanne an.
4. Geben Sie die Kohlrabispaghetti zusammen mit dem Essig und den Gewürzen mit hinzu, wenn die Zwiebeln glasig werden, und braten sie alles zusammen solange an, bis die Kohlrabispaghetti die gewünschte Konsistenz haben.
5. Abschließend schmecken Sie alles noch einmal mit etwas Salz und Pfeffer ab und geben die Cocktailtomaten über die Kohlrabispaghetti. Den Schafskäse zerbröseln Sie oben drüber und garnieren alles mit den kleingeschnittenen Kräutern.

Kohlrabi-Carbonara mit frischer Petersilie

für 4 Personen

Zutaten:

- 4 große Kohlrabi
- 1 rote Zwiebel
- 250g Schinkenwürfel
- 4 Eier
- 150g Parmesan
- 400ml Milch, fettarm
- 2 TL Paprika Pulver
- 1 TL frische Kräuter
- 1 TL Knoblauch Pulver
- 2 Bund frische Petersilie
- Salz und Pfeffer zum Abschmecken

1. Schälen Sie zunächst die Kohlrabi und schneiden Sie diese in dicke Stifte, welche Sie durch den Spiralschneider drehen, damit Kohlrabispaghetti bei herauskommen.
2. Anschließend schälen Sie die Zwiebel, schneiden diese in kleine Stücke und braten Sie zusammen mit dem Schinken und dem Olivenöl in einer Pfanne scharf an.
3. Nun vermengen Sie die Eier, den Parmesankäse, die Milch und die Gewürze in einer Schüssel miteinander.
4. Geben Sie folgend die Kohlrabispaghetti mit in die Pfanne und gießen Sie die zuvor zusammengerührten Zutaten oben drüber. Braten Sie alles, unter ständigen rühren und vermengen, in der Pfanne an, bis die Soße stockt und die Eier durch sind. Abschließend können Sie alles noch einmal mit den Gewürzen abschmecken, die Petersilie kleinschneiden und oben drüberstreuen.

Zucchinispaghetti mit Minze-Pesto und Schafskäse

für 4 Personen

Zutaten:

- 4 große Zucchini
- 2 Zwiebeln
- 250g Schafskäse
- 2 Avocado
- 4 EL Olivenöl
- 1 Bund frische Minze
- 2 Knoblauchzehe
- Saft von 2 Zitronen
- Salz und Pfeffer zum Abschmecken

1. Drehen Sie zunächst die Zucchini so durch den Spiralschneider, dass am Ende Zucchinispaghetti dabei herauskommen. Stellen Sie diese für später an die Seite und fahren Sie mit der Zubereitung des Pestos fort.
2. Hierfür schälen Sie die Zwiebel und den Knoblauch und schneiden beides in ganz kleine Stücke, welche Sie in ein ausreichend großes Schälchen geben.
3. Entnehmen Sie nun das Fruchtfleisch aus den Avocados und geben Sie dieses mit in das Schälchen.
4. Anschließend geben hacken Sie die Minze klein und geben diese, zusammen mit dem Olivenöl und dem Zitronensaft mit zu den Avocados. Zerdrücken Sie die Avocados mit der Gabel, vermengen Sie diese mit den restlichen Zutaten im Schälchen und schmecken Sie das Pesto mit etwas Salz und Pfeffer ab.
5. Nun geben Sie die Zucchinispaghetti etwa 3 Minuten lang in kochendes Wasser, gießen das Wasser ab und vermengen die noch warmen Zucchinispaghetti mit dem Pesto.
6. Abschließend können Sie alles noch einmal mit etwas Salz und Pfeffer abschmecken und den Schafskäse oben drüber zerbröseln.

Basilikum-Knoblauch-Pfanne mit Zucchinispaghetti

für 4 Personen

Zutaten:

- 4 große Zucchini
- 1 rote Zwiebel
- 4 Knoblauchzehen
- 6 EL Olivenöl
- 2 Bund frischer Basilikum
- Saft von 1 Zitrone
- 1 TL Chili Pulver
- Salz und Pfeffer zum Abschmecken

1. Drehen Sie zunächst die Zucchini so durch den Spiralschneider, dass am Ende Zucchinispaghetti dabei herauskommen. Stellen Sie diese für später an die Seite.
2. Schälen Sie nun die Zwiebel und die Knoblauchzehen und schneiden Sie beides in ganz kleine Stücke. Braten Sie beides mit dem Olivenöl in einer Pfanne an.
3. Folgend geben Sie Zucchinispaghetti, den Zitronensaft und das Chili Pulver hinzu und braten alles etwa 4 Minuten lang zusammen an.
4. Abschließend schmecken Sie alles mit etwas Salz und Pfeffer ab, zerrupfen den Basilikum und verteilen diesen über den Zucchinispaghetti.

Zucchinispaghetti mit Avocado und Cocktailtomaten

für 4 Personen

Zutaten:

- 4 große Zucchini
- 2 reife Avocado
- 250g Cocktailtomaten
- 2 Knoblauchzehen und 4 EL Olivenöl
- Saft von 1 Zitrone
- 1 Bund frische Petersilie
- Salz und Pfeffer zum Abschmecken

1. Drehen Sie zunächst die Zucchini so durch den Spiralschneider, dass am Ende Zucchinispaghetti dabei herauskommen.
2. Für das Dressing geben Sie das Fruchtfleisch der Avocado in ein Schälchen. Schälen Sie anschließend die Knoblauchzehen, schneiden Sie diese in kleine Stücke und geben Sie diese mit dem Olivenöl und dem Zitronensaft zu den Avocados hinzu. Vermengen Sie die Zutaten miteinander und schmecken Sie diese mit etwas Salz und Pfeffer ab.
3. Das fertige Avocado-Pesto geben Sie zu den Zucchinispaghetti hinzu und vermengen beides miteinander.
4. Nun halbieren Sie die Cocktailtomaten und schneiden die Petersilie in kleine Stücke. Geben Sie abschließend beides zu den Zucchinispaghetti.

Glasnudel-Gurkenspaghetti-Salat mit Sesam und Minze

für 4 Personen

Zutaten:

- 200g Glasnudeln
- 2 große Salatnudeln
- 4 EL Sojasauce
- Saft von 2 Limetten
- 2 EL Olivenöl
- 1 Bund frische Minze
- 2 EL Sesam
- 1 TL Chili und 1 TL Honig
- Salz und Pfeffer zum Abschmecken

1. Garen Sie zunächst die Glasnudeln nach Packungsanweisung.
2. Zwischenzeitlich drehen Sie die Gurken so durch den Spiralschneider, dass am Ende Gurkenspaghetti dabei herauskommen. Vermengen Sie die fertigen Glasnudeln mit den Gurkenspaghetti.
3. Nun vermengen Sie die Sojasauce mit dem Olivenöl, dem Limettensaft, den Honig und den Gewürzen und geben dieses über den Salat.
4. Abschließend zerrupfen Sie die Minze und geben diese, zusammen mit dem Sesam, über den Salat.

Zucchinispaghetti mit Rucola-Tomaten-Schafskäse Salat

für 4 Personen

Zutaten:

- 4 große Zucchini
- 300g Rucola
- 250g Cocktailtomaten
- 250g Schafskäse
- 20 Oliven, kernlos
- 1 TL Oregano
- 4 EL Olivenöl
- Saft von 1 Zitrone
- Salz und Pfeffer zum Abschmecken

1. Halbieren Sie zunächst den Rucola und geben Sie diesen in eine ausreichend große Salatschüssel.
2. Nun drehen Sie die Zucchinispaghetti so durch den Spiralschneider, dass am Ende Zucchinispaghetti dabei herauskommen. Diese geben Sie 3 Minuten lang in kochendes Wasser und anschließend mit zum Rucola.
3. Die Cocktailtomaten halbieren Sie, die Oliven schneiden Sie in Kerne und den Schafskäse zerbröseln Sie, bevor Sie alles mit zum Salat geben.
4. Abschließend vermengen Sie die restlichen Zutaten zu einem Dressing, welches Sie über den Salat geben.

Zucchini-Möhrenspaghetti mit Knoblauch und Rosmarin

für 4 Personen

Zutaten:

- 2 große Zucchini und 4 große Möhren
- 1 mittelgroße Zwiebel und 4 Knoblauchzehen
- Nadeln von einem Strunk Rosmarin
- 4 EL Olivenöl
- Salz und Pfeffer zum Abschmecken

1. Schälen Sie zunächst die Möhren und drehen Sie diese, zusammen mit den Zucchini, so durch den Spiralschneider, dass Gemüsespaghetti bei herauskommen.
2. Anschließend schälen Sie die Zwiebel, schneiden diese in kleine Stücke und braten diese mit dem Olivenöl in der Pfanne an.
3. Geben Sie anschließend die Gemüsespaghetti und die Rosmarinnadeln hinzu und braten Sie beides solange mit an, bis die Gemüsespaghetti die gewünschte Konsistenz haben.
4. Folgend schälen Sie den Knoblauch, schneiden diesen in kleine Stücke und vermengen ihn mit den Gemüsespaghetti.
5. Abschließend würzen Sie das Essen mit etwas Salz und Pfeffer.

Italienischer Zucchinispaghetti-Salat

für 4 Personen

Zutaten:

- 4 große Zucchini
- 4 Tomaten
- 200g Schafskäse
- 20 Oliven, kernlos
- 1 Chilischote
- 1 mittelgroße Zwiebel
- 2 Knoblauchzehen
- 3 EL Olivenöl
- 1 EL Essig
- 1 TL Thymian
- Salz und Pfeffer zum Abschmecken

1. Drehen Sie zunächst die Zucchini so durch den Spiralschneider, dass am Ende Zucchinispaghetti dabei herauskommen. Braten Sie diese zusammen mit 2 EL Olivenöl an, bis sie die gewünschte Konsistenz haben. Folgend können Sie die Zucchini in eine ausreichend große Salatschüssel geben.
2. Anschließend entfernen Sie den Strunk der Tomaten und schneiden diese in kleine Würfel, welche Sie zu den Zucchini hinzugeben.
3. Schälen Sie anschließend die Zwiebel und die Knoblauchzehen und schneiden Sie beides, zusammen mit der Chilischote, in ganz kleine Stücke, welche Sie ebenfalls zu den Zucchini hinzugeben. Vermengen Sie die Zutaten in der Salatschüssel miteinander.
4. Abschließend vermengen Sie die restlichen Zutaten zu einem Dressing und geben dieses über den Salat, bevor Sie den Schafskäse darüber zerbröseln.

Gurkenspaghetti mit Joghurtdressing

für 4 Personen

Zutaten:

- 4 große Salatgurken
- 1 mittelgroße Zwiebel
- 350g Naturjoghurt, fettarm
- 3 EL Zitronensaft
- 1 TL Dill
- 1 Bund frische Petersilie
- Salz und Pfeffer zum Abschmecken

1. Drehen Sie zunächst die Gurken so durch den Spiralschneider, dass am Ende Gurkenspaghetti bei herauskommen, welche Sie in eine ausreichend große Salatschüssel geben.
2. Anschließend schälen Sie die Zwiebel und schneiden diese in ganz kleine Stücke. Die Petersilie hacken Sie klein und verrühren diese, zusammen mit der Zwiebel und den restlichen Zutaten, zum Joghurtdressing, welches Sie kräftig mit Salz und Pfeffer abschmecken.
3. Abschließend geben Sie das Dressing zu den Gurkenspaghetti hinzu und vermengen alles miteinander.

Gurkenspaghetti mit Wassermelonen-Schafskäse-Topping

für 4 Personen

Zutaten:

- 4 große Salatgurken
- ½ Wassermelone
- 250g Schafskäse
- Saft von 2 Limetten
- 2 EL Olivenöl
- 1 Bund frische Minze
- Salz und Pfeffer zum Abschmecken

1. Drehen Sie zunächst die Gurken so durch den Spiralschneider, dass am Ende Gurkenspaghetti bei herauskommen, welche Sie in eine ausreichend große Salatschüssel geben.
2. Anschließend schneiden Sie die Wassermelone in mundgerechte Stücke und den Schafskäse in kleine Würfel. Geben Sie beides zu den Gurkenspaghetti, bevor Sie das Dressing zubereiten.
3. Für das Dressing vermengen Sie die restlichen Zutaten, bis auf die Minze, miteinander und geben diese über den Salat. Die Minze zerrupfen Sie und verteilen Sie abschließend über dem Salat.

Zucchinispaghetti mit Tomaten-Kapern-Soße

für 4 Personen

Zutaten:

- 4 große Zucchini
- 250g Cocktailtomaten
- 2 mittelgroße Zwiebeln
- 4 Knoblauchzehen
- 8 EL Kapern
- 20 Oliven, kernlos
- 1 TL Chili
- 1 TL Oregano
- 4 EL Olivenöl
- 2 TL Paprika Pulver
- 600g passierte Tomaten
- Salz und Pfeffer zum Abschmecken

1. Drehen Sie Zucchini zunächst so durch den Spiralschneider, dass am Ende Zucchinispaghetti dabei herauskommen. Stellen Sie diese für später an die Seite und bereiten Sie die Soße zu.
2. Für die Soße schälen Sie zunächst die Zwiebeln und die Knoblauchzehen, schneiden diese in kleine Stücke und braten Sie anschließend mit dem Olivenöl in einer Pfanne an.
3. Geben Sie nun die passierten Tomaten und die Gewürze mit in die Pfanne und lassen Sie die Soße kurz aufkochen.
4. Zwischenzeitlich schneiden Sie die Oliven in Scheiben und vierteln die Cocktailtomaten.
5. Vermengen Sie nun die Zucchinispaghetti mit der Tomatensoße, lassen Sie die Zucchini etwa 3 Minuten lang mitkochen und garnieren Sie sie abschließend mit den Tomaten, den Oliven und den Kapern.

Zucchinispaghetti mit Hähnchenfleisch und Champignonsoße

für 4 Personen

Zutaten:

- 4 große Zucchini
- 4 Hähnchenbrustfilets
- 1 mittelgroße Zwiebel
- 2 Knoblauchzehen
- 300g Champignons
- 500ml Sahne
- 2 EL Olivenöl
- 2 TL Curry Pulver
- 2 TL Paprika Pulver
- 1 TL Chili Pulver
- Salz und Pfeffer zum Abschmecken

1. Drehen Sie zunächst die Zucchini so durch den Spiralschneider, dass am Ende Zucchinispaghetti bei herauskommen. Stellen Sie diese für später an die Seite.
2. Nun schneiden Sie das Fleisch in mundgerechte Stücke.
3. Die Zwiebeln und die Knoblauchzähen schälen Sie und schneiden sie in kleine Stücke.
4. Die Champignons werden geschält und in Scheiben geschnitten.
5. Nun braten Sie das Hähnchenfleisch zusammen mit den Zwiebeln und dem Knoblauch in einer Pfanne an.
6. Anschließend braten Sie die Champignons 2 Minuten lang mit an, geben die Sahne und die Gewürze mit hinzu und lassen die Soße 15 Minuten lang aufkochen.
7. Zum Abschluss geben Sie die Zucchinispaghetti noch 3 Minuten lang zur Soße, vermengen alles und schmecken die Zucchinispaghetti noch einmal entsprechend der Gewürze ab.

Zucchini-Möhrenspaghetti mit Hähnchen und Tomate

für 4 Personen

Zutaten:

- 2 große Zucchini
- 2 große Möhren
- 4 Hähnchenbrustfilets
- 1 mittelgroße Zwiebel
- 4 Tomaten
- 2 EL Olivenöl
- 3 EL Tomatenmark
- 100ml Gemüsebrühe
- 200ml Sahne
- 60g Parmesan
- 2 TL Paprika Pulver
- 1 TL Chili Pulver
- Salz und Pfeffer zum Abschmecken

1. Schälen Sie zunächst die Möhren und drehen Sie diese, zusammen mit den Zucchini, so durch den Spiralschneider, dass am Ende Gemüsespaghetti dabei herauskommen.
2. Nun schneiden Sie das Fleisch in mundgerechte Stücke und braten diese zusammen mit dem Olivenöl in einer Pfanne scharf an. Nehmen Sie die fertigen Hähnchenstücke aus der Pfanne und stellen Sie diese für später an die Seite.
3. Im Anschluss schälen Sie die Zwiebel, schneiden diese in kleine Stücke und braten Sie in der Pfanne an, welche Sie zuvor nicht ausspülen müssen.
4. Entfernen Sie nun den Strunk der Tomaten und schneiden Sie diese in kleine Stücke, welche Sie zusammen mit der Gemüsebrühe, dem Tomatenmark, der Sahne und den Gewürzen mit in die Pfanne geben. Vermengen Sie die Soße und lassen Sie diese 10 Minuten lang leicht köcheln.
5. Im Abschluss geben Sie das Hähnchenfleisch und die Gemüsespaghetti zur Soße, vermengen alles miteinander und schmecken die Soße abschließend noch einmal entsprechend der Gewürze ab.

Rote-Beete-Spaghetti mit Tofu-Sahnesoße

für 4 Personen

Zutaten:

- 4 große Rote Beete
- 1 große Zwiebel
- 2 Knoblauchzehen
- 150ml Gemüsebrühe
- 250ml Sahne
- 250g Räuchertofu
- 1 EL Olivenöl
- 2 TL Paprika Pulver
- 2 TL Curry Pulver
- 1 Bund frische Petersilie
- Salz und Pfeffer zum Abschmecken

1. Schälen Sie zunächst die Rote Beete und drehen Sie diese so durch den Spiralschneider, dass am Ende Rote-Beete-Spaghetti dabei herauskommen.
2. Nun schälen Sie die Zwiebel und den Knoblauch, schneiden den Tofu in Würfel und braten alles zusammen mit dem Olivenöl in einer Pfanne an.
3. Geben Sie anschließend die Gemüsebrühe, die Sahne und die Gewürze hinzu und lassen Sie die Soße 10 Minuten lang leicht köcheln.
4. Abschließend geben Sie die Rote-Beete-Spaghetti hinzu, lassen diese 4 Minuten lang mitkochen und schmecken alles noch einmal mit den Gewürzen ab.
5. Schneiden Sie nun noch die Petersilie klein und streuen Sie diese oben drüber.

Rote-Beete-Spaghetti mit Honig-Senf-Soße und Walnüssen

für 4 Personen

Zutaten:

- 4 große Rote Beete
- 250g Schafskäse
- 60g gehackte Walnüsse
- 4 EL Olivenöl
- 2 TL Honig
- 1 TL Senf
- 1 TL Thymian
- Saft von 1 Zitrone
- 1 Zweig Rosmarin
- Salz und Pfeffer zum Abschmecken

1. Schälen Sie zunächst die Rote Beete und drehen Sie diese so durch den Spiralschneider, dass am Ende Rote-Beete-Spaghetti dabei herauskommen.
2. Nun geben Sie die Rote-Beete-Spaghetti mit 1 EL Olivenöl in die Pfanne und braten Sie etwa 4 Minuten lang an.
3. Anschließend vermengen Sie das restliche Olivenöl mit dem Honig, dem Senf, dem Thymian, dem Zitronensaft und dem Rosmarin zu einem Dressing und geben dieses über die Rote Beete.
4. Folgend zerbröseln Sie den Schafskäse und geben diesen zusammen mit den Walnüssen über die Rote-Beete-Spaghetti, bevor Sie alles noch einmal mit etwas Salz und Pfeffer gut abschmecken.

Süßkartoffelstreifen mit Joghurt-Senf-Dressing

für 4 Personen

Zutaten:

- 4 Süßkartoffeln
- 250g Naturjoghurt, fettarm
- ½ Salatgurke
- 2 Knoblauchzehen
- 4 EL Olivenöl
- 1 TL Senf
- 1 TL Dill
- 2 TL Paprika Pulver
- 2 TL Curry Pulver
- 1 TL Chili
- Salz und Pfeffer zum Abschmecken

1. Heizen Sie den Backofen zunächst auf 250°C Ober- und Unterhitze vor.
2. Anschließend schälen Sie die Süßkartoffeln und hoben Sie dann mit dem Spiralschneider in dünne Streifen, welche Sie zusammen mit 2 EL Olivenöl, dem Paprika Pulver, dem Curry Pulver, dem Chili und etwas Salz und Pfeffer in eine Schüssel geben, um alles gut miteinander zu vermengen.
3. Verteilen Sie die marinierten Süßkartoffelstreifen nebeneinander auf zwei Backblechen und backen Sie diese etwa 25 Minuten lang.
4. Zwischenzeitlich können Sie das Dressing zubereiten. Hierfür schälen Sie zunächst die Knoblauchzehen und schneiden diese in kleine Stücke. Die Salatgurke schneiden Sie in ganz kleine Würfel. Nun geben Sie beides zusammen mit dem Naturjoghurt, dem Senf, und dem Dill in eine Schüssel, vermengen es miteinander und schmecken es noch einmal mit etwas Salz und Pfeffer ab.
5. Abschließend können Sie die Süßkartoffelstreifen zusammen mit dem Joghurtdressing servieren.

Rote-Beete-Spaghetti mit Schafskäse und Honig-Senf-Dressing

für 4 Personen

Zutaten:

- 4 große Rote Beete
- 250g Schafskäse
- 4 Knoblauchzehen und 4 EL Olivenöl
- Saft von 1 Zitrone
- 2 TL Honig und 1 TL Senf
- Salz und Pfeffer zum Abschmecken

1. Schälen Sie zunächst die Rote Beete und drehen Sie diese so durch den Spiralschneider, dass am Ende Rote-Beete-Spaghetti dabei herauskommen.
2. Anschließend schälen Sie die Knoblauchzehen und braten diese mit 2 EL Olivenöl in einer Pfanne an.
3. Nun geben Sie die Rote-Beete hinzu und braten diese 4 Minuten lang mit in der Pfanne an, dabei die Rote-Beete-Spaghetti weich werden.
4. Anschließend zerbröseln Sie den Schafskäse und streuen diesen über die Rote Beete.
5. Nun vermengen Sie den Zitronensaft mit dem Honig, dem Senf und dem restlichen Olivenöl. Geben Sie das Dressing über den Salat und schmecken Sie diesen abschließend mit etwas Salz und Pfeffer ab.

Süßkartoffel-Spaghetti mit Kokos-Kichererbsen-Ingwersoße

für 4 Personen

Zutaten:

- 4 Süßkartoffeln
- 1 mittelgroße Zwiebel
- 2 Knoblauchzehen
- 150ml Gemüsebrühe
- 150g Kichererbsen
- 250ml Kokosmilch
- 2 EL Olivenöl
- 2 TL rote Currypaste
- 2 TL Curry Pulver
- 2 TL Paprika Pulver
- 1 TL Ingwer Pulver
- 4 EL Sesam
- Salz und Pfeffer zum Abschmecken

1. Schälen Sie zunächst die Süßkartoffeln und drehen Sie diese so durch den Spiralschneider, dass am Ende Süßkartoffeln dabei herauskommen.
2. Nun schälen Sie die Zwiebel, schneiden diese in kleine Stücke und braten diese zusammen mit dem Olivenöl in einer Pfanne an.
3. Anschließend geben Sie die Gemüsebrühe, die Kokosmilch und die Gewürze mit in die Pfanne und lassen die Soße etwa 10 Minuten lang leicht aufkochen.
4. Folgend geben Sie die Süßkartoffelspaghetti und die Kichererbsen mit zur Soße und lassen diese solange mitkochen, bis die Süßkartoffeln die gewünschte Konsistenz haben.
5. Abschließend schmecken Sie die Süßkartoffelspaghetti noch einmal mit den Gewürzen ab und streuen den Sesam oben drüber.

Süßkartoffel-Spaghetti mit Schinkenwürfeln und Schafkäse

für 4 Personen

Zutaten:

- 4 Süßkartoffeln
- 1 Porree
- 1 grüne Paprika
- 2 rote Zwiebeln
- 2 Knoblauchzehen
- 250g gewürfelter Speck
- 250g Schafskäse
- 2 EL Olivenöl
- 200ml Sahne
- 200ml Gemüsebrühe
- 1 TL Oregano
- 2 TL Paprika Pulver
- 2 TL Curry Pulver
- 1 TL Chili
- Salz und Pfeffer zum Abschmecken

1. Schälen Sie zunächst die Süßkartoffeln und drehen Sie diese so durch den Spiralschneider, dass am Ende Süßkartoffelspaghetti dabei herauskommen
2. Anschließend schälen Sie die Zwiebeln und die Knoblauchzehen, schneiden diese in kleine Stücke und braten sie zusammen mit dem Olivenöl in einer Pfanne scharf an.
3. Entkernen Sie nun die Paprika, schneiden Sie diese in kleine Stücke und schneiden Sie den Porree in Scheiben. Geben Sie beides zusammen mit den restlichen Zutaten, bis auf den Schafskäse und die Süßkartoffelspaghetti, mit in die Pfanne. Vermengen Sie alles und lassen Sie die Soße etwa 10 Minuten lang aufkochen.
4. Abschließend geben Sie die Süßkartoffeln hinzu, lassen diese 4 – 5 Minuten mitköcheln und zerbröseln den Schafskäse oben drüber. Sie können nun alles noch einmal entsprechend der Gewürze abschmecken.

Möhren-Kohlrabi-Spaghetti mit Erdnusssoße

für 4 Personen

Zutaten:

- 4 große Möhren
- 2 große Kohlrabi
- 2 rote Zwiebeln
- 2 EL Kokosöl
- 200ml Kokosmilch
- 5 EL Erdnussbutter und 2 TL Curry Pulver
- 2 TL Paprika Pulver und 1 TL Chili
- Salz und Pfeffer zum Abschmecken

1. Schälen Sie zunächst die Möhren und die Kohlrabi und drehen Sie diese so durch den Spiralschneider, dass am Ende Gemüsespaghetti dabei herauskommen.
2. Anschließend schälen Sie die Zwiebeln, schneiden diese in kleine Stücke und braten diese zusammen mit dem Kokosöl in der Pfanne an.
3. Anschließend vermengen Sie die Kokosmilch, mit der der Erdnussbutter und den Gewürzen und geben die Flüssigkeit mit in die Pfanne und lassen Sie 10 Minuten lang aufkochen.
4. Abschließend geben Sie die Gemüsespaghetti mit in die Pfanne, rühren diese unter und lassen sie 4 Minuten lang mitkochen. Abschließend schmecken Sie alles noch einmal entsprechend der Gewürze ab.

Rote-Beete-Spaghetti mit Sesammuss

für 4 Personen

Zutaten:

- 4 Rote Beete
- 2 rote Zwiebeln
- 2 Knoblauchzehen
- 2 Frühlingszwiebeln
- Saft von 2 Limetten
- 6 EL Sesammuss
- 4 EL weißer Sesam
- 4 EL Olivenöl
- 2 EL Sesamöl
- 1 TL Chili
- 2 TL Paprika Pulver
- 2 TL Curry Pulver
- 2 Bund frische Petersilie
- Salz und Pfeffer zum Abschmecken

1. Schälen Sie zunächst die Rote Beete und drehen Sie diese so durch den Spiralschneider, dass am Ende Rote-Beete-Spaghetti dabei herauskommen.
2. Anschließend schälen Sie die Zwiebeln und die Knoblauchzehen, schneiden diese in kleine Stücke und braten Sie zusammen mit dem Sesamöl in einer Pfanne an.
3. Folgend vermengen Sie das Olivenöl, den Limettensaft, das Sesammuss und die Gewürze miteinander und geben die Soße mit in die Pfanne, wo Sie diese kurz erwärmen.
4. Geben Sie nun die Rote Beete hinzu, vermengen Sie diese mit der Soße und braten Sie beides zusammen 4 Minuten lang an.
5. Abschließend schneiden Sie die Frühlingszwiebeln in Ringe, die Petersilie in kleine Stücke und geben abschließend beides über die Rote-Beete-Spaghetti. Sie können das Essen nun noch einmal entsprechend der Gewürze abschmecken.

Zucchinispaghetti mit Spargel, Schinken und Ei

für 4 Personen

Zutaten:

- 4 große Zucchini
- 2 rote Zwiebeln
- 2 Knoblauchzehen
- 250g gewürfelter Speck
- 4 Eier
- 8 Stangen grüner Spargel
- 4 EL Olivenöl
- 2 TL Paprika Pulver
- 1 TL Oregano
- 1 TL Kreuzkümmel
- 1 Bund frische Petersilie
- 1 Bund frischer Schnittlauch
- Salz und Pfeffer zum Abschmecken

1. Drehen Sie zunächst die Zucchini so durch den Spiralschneider, dass am Ende Zucchinispaghetti dabei herauskommen.
2. Anschließend schälen Sie die Zwiebeln und die Knoblauchzehen und schneiden beides in kleine Stücke. Den Spargel schneiden Sie in daumenbreite Stücke. Geben Sie das zerkleinerte Gemüse zusammen mit dem gewürfelten Speck und dem Olivenöl in eine Pfanne und braten Sie alles zusammen an.
3. Folgend vermengen Sie die Eier mit den Gewürzen.
4. Anschließend geben Sie die Zucchini mit in die Pfanne, geben die Eiermasse oben drüber und braten alles zusammen solange an bis die Eier aufstocken und durch sind.
5. Sie können nun die Petersilie und den Schnittlauch kleinhacken und oben drüberstreuen.

Zucchinispaghetti mit Spinat und Schafskäse

für 4 Personen

Zutaten:

- 4 große Zucchini
- 1 mittelgroße Zwiebel
- 4 Knoblauchzehen
- 300g Babyspinat
- 250g Schafskäse
- 2 EL Rapsöl
- Salz und Pfeffer zum Abschmecken

1. Drehen Sie zunächst die Zucchini so durch den Spiralschneider, dass am Ende Zucchinispaghetti dabei herauskommen.
2. Nun schälen Sie die Zwiebel und den Knoblauch, schneiden beides in kleine Stücke und braten diese zusammen mit dem Rapsöl in einer Pfanne an.
3. Geben Sie nun den Spinat hinzu bis weich wird und in sich zusammenfällt.
4. Im Anschluss geben Sie die Zucchinispaghetti zum Spinat hinzu und braten ihn an bis er die gewünschte Konsistenz hat.
5. Abschließend schmecken Sie alles entsprechend der Gewürze ab und bröseln den Schafkäse oben drüber.

Süßkartoffel-Spaghetti mit Rinderbolognese

für 4 Personen

Zutaten:

- 4 große Süßkartoffel
- 400g Rinderhack
- 2 Zwiebel
- 2 Knoblauchzehen
- 2 mittelgroße Möhren
- 400ml passierte Tomaten
- 4 EL Olivenöl
- 1 Bund frischer Basilikum
- 1 TL Oregano
- 1 TL Thymian
- 2 TL Paprika Pulver
- Salz und Pfeffer zum Abschmecken

1. Drehen Sie zunächst die Zucchini so durch den Spiralschneider, dass am Ende Zucchinispaghetti dabei herauskommen.
2. Anschließend schälen Sie die Zwiebeln, den Knoblauch und die Möhren, schneiden diese klein und braten Sie zusammen mit dem Olivenöl und dem Rinderhack in einer Pfanne an.
3. Geben Sie nun die passierten Tomaten und die Gewürze mit hinzu und lassen Sie die Soße 10 Minuten lang aufkochen.
4. Geben Sie nun die Süßkartoffelspaghetti mit zur Tomatensoße und lassen Sie diese 5 Minuten lang mitkochen.
5. Abschließend schmecken Sie die Soße noch einmal entsprechend der Gewürze ab. Zerrupfen Sie nun den Basilikum und geben Sie diesen oben drüber.

Apfel-Möhrensalat mit Speck und Schafskäse

für 4 Personen

Zutaten:

- 4 große Möhren
- 2 Kohlrabi
- 2 Äpfel
- 1 große Zwiebel
- 250g gewürfelter Speck
- 250g Schafskäse
- 2 EL Olivenöl
- 100ml Gemüsebrühe
- 100ml Sahne
- 1 TL Paprika Pulver
- 1 TL Oregano
- Salz und Pfeffer zum Abschmecken

1. Schälen Sie zunächst die Möhren, die Kohlrabi und die Äpfel. Die Äpfel entkernen Sie und drehen das Obst und Gemüse so durch den Spiralschneider, dass am Ende Gemüse- und Obstspaghetti herauskommen.
2. Nun schälen Sie die Zwiebel, schneiden diese in kleine Stücke und braten beides zusammen mit dem Olivenöl in einer Pfanne an.
3. Geben Sie nun die Gemüsebrühe, die Sahne und die Gewürze hinzu und lassen Sie die Soße kurz aufkochen.
4. Geben Sie nun die Gemüse- und Obstspaghetti mit zur Soße und lassen Sie diese 4 Minuten lang mitkochen.
5. Abschließend schmecken Sie alles noch einmal entsprechend der Gewürze ab und zerbröseln den Schafskäse oben drüber.

Möhrenspaghetti mit Lauch und Walnüssen

für 4 Personen

Zutaten:

- 8 große Möhren
- 4 Lauchzwiebeln
- 1 große Zwiebel
- 60g gehackte Walnüsse
- 2 EL Olivenöl
- 200ml Sahne
- 1 TL Thymian
- 2 TL Curry Pulver
- 2 TL Paprika Pulver
- Salz und Pfeffer zum Abschmecken

1. Schälen Sie zunächst die Möhren und drehen Sie diese so durch den Spiralschneider, dass am Ende Möhrenspaghetti herauskommen.
2. Anschließend schälen Sie die Zwiebel, schneiden diese in kleine Stücke und braten Sie zusammen mit dem Olivenöl in der Pfanne an.
3. Nun schneiden Sie die Lauchzwiebeln in Ringe und geben diese zusammen mit der Sahne und den Gewürzen mit in die Pfanne. Lassen Sie die Soße 10 Minuten lang aufkochen.
4. Anschließend geben Sie die Möhrenspaghetti mit zur Soße hinzu, vermengen alles miteinander und lassen die Möhrenspaghetti 4 – 5 Minuten lang in der Soße mitköcheln.
5. Abschließend schmecken Sie alles noch einmal entsprechend der Gewürze ab und streuen die gehackten Walnüsse oben drüber.

Blumenkohlspaghetti mit Lauch-Champignonsuppe

für 4 Personen

Zutaten:

- 2 Blumenkohlköpfe
- 4 Lauchstangen
- 250g Champignons
- 250ml Sahne
- 150ml Gemüsebrühe
- 1 rote Chilischote
- 1 Zwiebel
- 2 EL Olivenöl
- 1 rote Chilischote
- 2 TL Curry Pulver
- 2 TL Paprika Pulver
- 1 TL Knoblauch Pulver
- Salz und Pfeffer zum Abschmecken

1. Fangen Sie damit an, den Blumenkohl zuzubereiten. Hierfür zerteilen Sie die Köpfe in einzelne Röschen. Den Strunk drehen Sie jeweils so durch den Spiralschneider, dass am Ende Blumenkohlspaghetti herauskommen.
2. Anschließend schälen Sie die Zwiebel, schneiden diese zusammen mit der Chilischote in ganz kleine Stücke und braten Sie zusammen mit dem Olivenöl in einer Pfanne.
3. Nun schälen Sie die Champignons, schneiden diese in Scheiben und geben sie zusammen mit den Blumenkohlröschen, der Sahne, der Gemüsebrühe und den Gewürzen mit in die Pfanne. Lassen Sie alles zusammen solange aufkochen, bis die Röschen weich werden.
4. Nun geben Sie noch die Blumenkohlspaghetti hinzu und schmecken abschließend alles noch einmal entsprechend der Gewürze ab.

Möhren-Rettich-Spaghetti mit Honig-Senfsoße und frischen Kräutern

für 4 Personen

Zutaten:

- 6 große Möhren
- 3 große Rettich
- 2 rote Zwiebeln
- 4 EL Olivenöl
- 1 Bund frischen Schnittlauch
- 2 Bund frische Petersilie
- 1 TL Honig
- 1 TL Senf
- 1 TL Chili
- 2 TL Paprika Pulver
- Salz und Pfeffer zum Abschmecken

1. Schälen Sie zunächst die Möhren und den Rettich und drehen Sie beides so durch den Spiralschneider, dass am Ende Gemüsespaghetti herauskommen.
2. Schälen Sie anschließend die Zwiebeln, schneiden diese in kleine Stücke und braten Sie zusammen mit 2 EL Olivenöl an.
3. Anschließend geben Sie die Gemüsespaghetti mit in die Pfanne und braten Sie 8 – 10 Minuten lang mit an.
4. Bereiten Sie nun die Soße zu, indem Sie das restliche Olivenöl, den Honig, den Senf, das Chili und das Paprika Pulver miteinander verrühren.
5. Geben Sie das fertigen Dressing nun über die Gemüsespaghetti.
6. Nun können Sie den Schnittlauch und die Petersilie kleinschneiden, über das Essen geben und abschließend alles noch einmal entsprechend der Gewürze abschmecken.

Kohlrabispaghetti mit Tomaten-Spinatsoße und Parmesan

für 4 Personen

Zutaten:

- 4 große Kohlrabi
- 2 rote Zwiebeln
- 1 mittelgroße Möhre
- 4 Knoblauchzehen
- 3 Handvoll frischer Spinat
- 150g Cocktailtomaten
- 600ml passierte Tomaten
- 60g geriebener Parmesan
- 2 EL Olivenöl
- 2 TL Oregano
- 1 TL Thymian
- 2 TL Paprika Pulver
- Salz und Pfeffer zum Abschmecken

1. Schälen Sie zunächst die Kohlrabi und drehen Sie diese so durch den Spiralschneider, dass am Ende Kohlrabispaghetti herauskommen.
2. Anschließend schälen Sie die Zwiebeln, die Möhre und die Knoblauchzehen, schneiden alles in kleine Stücke und braten diese zusammen mit dem Olivenöl in einer Pfanne an.
3. Geben Sie nun den Spinat hinzu und erwärmen Sie diesen bis er weich wird und etwas einfällt.
4. Folgend geben Sie die passierten Tomaten und die Gewürze hinzu und lassen die Soße etwa 10 Minuten lang aufkochen.
5. Im Anschluss können Sie die Kohlrabispaghetti mit zur Tomatensoße geben und diese 4 Minuten lang mitkochen.
6. Halbieren Sie nun noch die Cocktailtomaten und geben Sie diese, zusammen mit dem Parmesan, über die fertigen Kohlrabispaghetti.

Kürbisspaghetti mit Lachs

für 4 Personen

Zutaten:

- 2 Hokkaido
- 400g Lachs
- 1 rote Zwiebel
- 2 Knoblauchzehen
- 4 Lauchzwiebeln
- 40g Parmesan
- 250ml Sahne
- 150ml Gemüsebrühe
- 2 EL Olivenöl
- 1 TL Oregano
- 2 TL Basilikum
- Salz und Pfeffer zum Abschmecken

1. Schneiden Sie zunächst die Kürbisse in breite Stücke, so dass Sie diese durch den Spiralschneider drehen können. Die Kürbisspaghetti stellen Sie nun für später an die Seite.
2. Nun schälen Sie die Zwiebel und den Knoblauch, schneiden beides in kleine Stücke und braten diese zusammen mit dem Olivenöl in einer Pfanne an.
3. Nun geben Sie die Sahne, die Gemüsebrühe und die Gewürze mit in die Pfanne und lassen die Soße 3 Minuten lang leicht köcheln.
4. Schneiden Sie zwischenzeitlich den Lauch in Ringe und den Lachs in mundgerechte Stücke. Geben Sie beides im Anschluss mit zur Soße.
5. Lassen Sie die gesamte Soße etwa 20 Minuten lang leicht köcheln. Und geben Sie nach 15 Minuten die Kürbisspaghetti mit hinzu, damit diese gar werden.
6. Abschließend können Sie alles noch einmal entsprechend der Gewürze abschmecken und den Parmesan oben drüberstreuen.

Rote-Beete-Spaghetti mit Paprikasoße

für 4 Personen

Zutaten:

- 4 große Rote Beete
- 3 gelbe Paprika
- 2 Zwiebeln
- 250ml Gemüsebrühe
- 2 Bund frische Petersilie
- 2 EL Olivenöl
- 1 TL Oregano
- 2 TL Paprika Pulver
- 2 TL Curry Pulver
- 1 Messerspitze Muskat
- Salz und Pfeffer zum Abschmecken

1. Schälen Sie zunächst die Rote Beete und drehen Sie diese so durch den Spiralschneider, dass am Ende Rote-Beete-Spaghetti herauskommen.
2. Anschließend schälen Sie die Zwiebeln und schneiden diese in Ringe, welche Sie mit dem Olivenöl zusammen anbraten.
3. Entkernen Sie nun die Paprika und schneiden Sie diese in mundgerechte Stücke. Geben Sie diese zusammen mit der Gemüsebrühe und den Gewürzen mit in die Pfanne und lassen Sie alles zusammen 12 Minuten leicht köcheln.
4. Abschließend geben Sie die Rote-Beete-Spaghetti hinzu und lassen diese 4 Minuten lang mitkochen. In der Zwischenzeit können Sie die Petersilie klein schneiden und diese zum Abschluss oben drüberstreuen.

Möhren-Spaghetti mit asiatischer Lauchsoße

für 4 Personen

Zutaten:

- 8 große Möhren
- 1 Porree
- 2 gelbe Paprika
- 1 grüne Paprika
- 2 mittelgroße Zwiebeln
- 2 Knoblauchzehen
- 1 daumengroßes Stück Ingwer
- 2 EL Sojasoße
- 4 EL Sesamöl
- 2 TL Paprika Pulver
- 2 TL Curry Pulver
- 4 EL Sesam
- Salz und Pfeffer zum Abschmecken

1. Schälen Sie zunächst die Möhren und drehen Sie diese so durch den Spiralschneider, dass am Ende Möhrenspaghetti herauskommen.
2. Nun schneiden Sie den Porree in Ringe und entkernen die Paprika, welche Sie anschließend in mundgerechte Stücke schneiden.
3. Schälen Sie anschließend die Zwiebeln, den Knoblauch und den Ingwer und schneiden Sie alles in ganz kleine Stücke, welche Sie zusammen mit dem Sesamöl in der Pfanne anbraten.
4. Anschließend geben Sie die Möhrenspaghetti hinzu und braten diese in der Pfanne scharf an, so dass sie leicht weich werden.
5. Nun geben Sie die Sojasoße und die Gewürze mit hinzu. Erwärmen Sie alles miteinander und schmecken Sie die Möhrenspaghetti entsprechend nach Ihrem Geschmack und den Gewürzen ab.
6. Abschließend streuen Sie den Sesam oben drüber.

Zucchinispaghetti mit Schinken-Käse-Sahnesoße

für 4 Personen

Zutaten:

- 6 große Zucchini
- 2 mittelgroße Zwiebeln
- 2 Knoblauchzehen
- 150g gewürfelter Speck
- 100g geriebenen Gouda
- 250ml Sahne
- 2 EL Olivenöl
- 1 Bund frische Petersilie
- 1 TL Dill
- Salz und Pfeffer zum Abschmecken

1. Drehen Sie zunächst die Zucchini so durch den Spiralschneider, dass am Ende Zucchinispaghetti herauskommen.
2. Nun schälen Sie die Zwiebeln und die Knoblauchzehen, schneiden diese in kleine Stücke und braten Sie zusammen mit dem Olivenöl und dem gewürfelten Speck in einer Pfanne an.
3. Anschließend geben Sie die Sahne und den Dill hinzu, lassen die Soße kurz aufkochen und schmecken Sie mit etwas Salz und Pfeffer ab.
4. Nun geben Sie die fertigen Zucchinispaghetti und den Gouda mit hinzu, vermengen alles miteinander und erwärmen es 4 Minuten in der Pfanne.
5. Zum Abschluss hacken Sie die Petersilie in kleine Stücke und streuen sie oben drüber.

Impressum

1. Auflage: Januar 2018

Żupańskiego 9-10

61-562 Poznań

Polen

24364747R00031

Printed in Poland
by Amazon Fulfillment
Poland Sp. z o.o., Wrocław